Written by/Escrito por:
Ana Maria Russell

# TWO BOYS ON A SAILBOAT
# DOS NIÑOS EN UN VELERO

Illustrated by/Ilustrado por:
Bojana Stojanovic

2022.

Copyright © 2022 Ana Russell

All rights reserved. No part of this book may be reproduced in any form or by any electronic or mechanical means, including information storage and retrieval systems, without permission in writing from the publisher.

ISBN 978-0-578-38574-7 (Hardcover Edition)
BISAC: JUVENILE FICTION / Imagination & Play | JUVENILE FICTION / Family / Siblings | JUVENILE FICTION / People& Places / United States / Hispanic & Latino | CYAC: Spanish language materials--Bilingual. | LCSH: Imagination in children--Juvenile fiction. | Brothers--Juvenile fiction. | Families--Juvenile fiction. | Sailboats--Juvenile fiction. | EMBNE: Barcos de vela--Libros infantiles. | QLSP: Imaginación en los niños--Novela juvenil. | Hermanos--Novela juvenil. | Vida familiar--Novela juvenil. | LCGFT: Picture books. | TGFBNE: Libros ilustrados. | Libros infantiles.

Library of Congress Control Number: 2022904889

This book is fictitious but inspired by author's sons. Any similarity to other real people is coincidental and not intended by the author.

Illustrations by Bojana Stojanović
Printed in the United States of America

Visit: aventurapress.org

To my parents, siblings, and husband,
for loving me and supporting my dreams.
To Charlie and Camilo,
for inspiring me to dream.

Two boys awake?
¡Sí! Hay dos niños despiertos.

Two boys drinking milk?
¡Sí! Hay dos niños bebiendo lechesita.

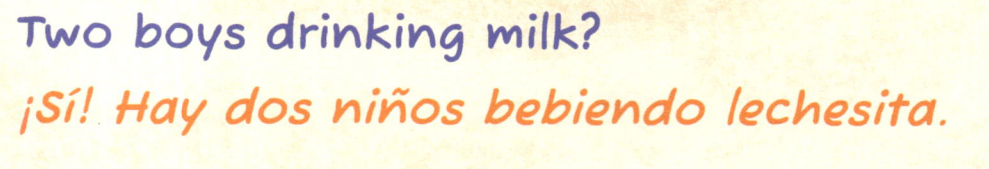

Two boys ready?
¡Sí! Hay dos niños listos... para empezar una aventura!

Two boys on a sailboat?

¡Sí! Hay dos niños en un velero.

Two boys in two airplanes?
¡Sí! Hay dos niños en dos aviones!

Two boys playing with the blocks, blocks, blocks?

¡Sí! Hay dos niños jugando con los bloques, bloques, bloques!

Two boys in the city?
¡Sí! Hay dos niños en la ciudad!

Two boys riding the dinos?

¡Sí! Hay dos niños montando en los dinosaurios.

Two boys in a castle?

¡Sí! Hay dos niños en un castillo.

Two boys reading with daddy?
¡Sí! Hay dos niños leyendo con papi.

Two boys praying with mommy?

¡Sí! Hay dos niños rezando con mami.

Mommy and daddy love two boys?
¡Sí! Mami y papi aman a sus dos niños.

Buenas noches niños.

## ABOUT THE AUTHOR

Ana Russell grew up in Bogotá, Colombia. Her family moved to the United States when she was a teen. After obtaining her bachelor's in chemical engineering from the University of Oklahoma, she relocated to Austin, Texas. She works in a Tech company while also taking care of her two wonderful boys. Two Boys on a Sailboat was inspired by the questions her older son would ask her, as they did their day-to-day activities. When they were swinging in the park, the swings were not just swings, but airplanes, and their blocks were not mere toys, but bricks to build a whole city. It made her think how lucky she was to be able to be invited into their imagination. She wanted to share their world with the world, while also sharing a piece of her culture which she tries hard to keep alive.

Ana Russell creció en Bogotá, Colombia. Ella y su familia se mudaron a los Estados Unidos cuando Ana era una adolescente. Después de obtener su grado en Ingeniería Química de la Universidad de Oklahoma, Ana fija su residencia en Austin, Texas, donde trabaja en una empresa de tecnología. Al mismo tiempo Ana cuida de sus dos maravillosos hijos. Dos Niños en un Velero fue inspirado por las preguntas que le hacía su hijo mayor, mientras hacían las actividades del día. Cuando se columpiaban en el parque, los columpios no eran simplemente columpios, sino aviones, y los bloques de juego no eran solo juguetes, sino ladrillos para construir toda una ciudad. Le hizo pensar en lo afortunada que era de poder ser invitada a la imaginación de ellos. Ella quería compartir su mundo con el mundo, y al mismo tiempo compartir un pedacito de su cultura, la cual ella se esfuerza por mantener viva.

Website: aventurapress.org
Instagram: @toddler.hood

## ABOUT THE ILLUSTRATOR

Bojana Stojanovic is an award winning illustrator currently living in Belgrade, Serbia. She found her calling in children's publishing and has illustrated numerous books for young readers. Recently she is passionate about surface pattern design too because she likes to see her art on all kinds of different objects. Bojana's art is inspired by nature and the animal kingdom. She loves to draw adorable creatures that are able to tell a story at first glance. She also loves experimenting in traditional and digital media to develop her art even further.

Bojana Stojanovic es una ilustradora galardonada que actualmente vive en Belgrado, Serbia. Encontró su vocación en la publicación infantil y ha ilustrado numerosos libros para lectores jóvenes. Recientemente, también le apasiona el diseño de patrones de superficies porque le gusta ver su arte en todo tipo de objetos diferentes. El arte de Bojana está inspirado en la naturaleza y el reino animal. Le encanta dibujar criaturas adorables que son capaces de contar una historia a primera vista. También disfruta experimentando con medios tradicionales y digitales para desarrollar aún más su arte.

Website: bojanastojanovic.com
Instagram: @auvrea_illustration

CPSIA information can be obtained
at www.ICGtesting.com
Printed in the USA
LVHW071015170522
718910LV00009B/256